AF509249

MINISTÈRE DE L'INTÉRIEUR — DIRECTION GÉNÉRALE DE LA STATISTIQUE

DÉCRET, RÈGLEMENT

ET

INSTRUCTIONS RELATIVES AU RECENSEMENT GÉNÉRAL

DE LA POPULATION DE L'EGYPTE

Du 3 Mai 1882

LE CAIRE

IMPRIMERIE NATIONALE DE BOULAQ

—

1881

MINISTÈRE
DE L'INTÉRIEUR

DIRECTION GÉNÉRALE
DE LA STATISTIQUE

RECENSEMENT GÉNÉRAL
DE LA POPULATION DE L'EGYPTE

DÉCRET

NOUS KHÉDIVE D'EGYPTE,

Sur la proposition de Notre Ministre de l'Intérieur et l'avis conforme de Notre Conseil des Ministres ,

Avons Décrété et Décrétons :

ARTICLE PREMIER.

Le Recensement général de la population de l'Egypte proprement dite aura lieu le 15 Gamad-Akher 1299 (3 Mai 1882).

ART. 2.

Notre Ministre de l'Intérieur est chargé de l'exécution du présent Décret.

Fait au palais d'Abdin, le 3 Décembre 1881.

MÉHÉMET THEWFIK

PAR LE KHÉDIVE :

Le Président du Conseil des Ministres,
Ministre de l'Intérieur,

CHÉRIF

MINISTÈRE
DE L'INTÉRIEUR.

DIRECTION GÉNÉRALE
DE LA STATISTIQUE

RECENSEMENT GÉNÉRAL

DE LA POPULATION DE L'EGYPTE

Note explicative.

Aux termes du Décret du 5 Décembre 1881, le recensement général de la population devant être effectué le 3 Mai 1882, la note suivante expose les mesures qu'il y a lieu de prendre pour l'exécution de ce décret.

Ce travail se divise en deux parties distinctes :

1° Les opérations à exécuter ;

2° Les moyens à employer.

1° Les opérations à exécuter sont de trois espèces, savoir :

a) Le dénombrement complet des maisons

b) Un dénombrement préliminaire destiné à servir de base au recensement définitif et à en contrôler l'exactitude.

c) Le recensement définitif.

Le Chap. 1ᵉʳ des instructions ci-annexées traite du numérotage et du dénombrement des maisons, qui sera exécuté dans le courant du mois de Janvier. Ce dénombrement est nécessaire tant pour faciliter les opérations du recensement préliminaire et du recensement définitif, que pour contrôler les registres lorsque ceux-ci seront examinés pour vérifier qu'aucune maison n'a été omise.

Pendant le mois de Février on vérifiera l'exactitude du dénombrement dans les villes et villages.

On désignera en même temps les personnes qui, dans chaque village, ainsi que dans chaque quartier d'une ville, seront chargées d'établir ce dénombrement.

Elles seront dans la proportion d'un agent par groupe de 80 maisons.

Leurs noms, ainsi que le montre l'état ci-joint (Nº 1) seront inscrits en regard des numéros des maisons qu'ils auront à compter.

Le Chap. II donne les instructions nécessaires pour l'exécution du dénombrement préliminaire, qui est destiné à servir de base au décompte définitif et à simplifier autant que possible le travail à exécuter le 3 Mai. Il fournit également l'occasion de faire voir exactement aux agents chargés de l'inscription, de quelle manière les états doivent être remplis, et de mettre les vérificateurs à même de contrôler le degré de justesse et d'intelligence avec lesquels leur travail a été exécuté. Il permet enfin d'établir un registre de la population normale d'une ville ou d'un village que ne sauraient modifier les départs ou les arrivées fortuits, qui doivent être enregistrés pendant la nuit du recensement général.

L'état n° 2 sera le même que celui dont on se servira ultérieurement pendant la nuit du 3 au 4 Mai.

Cette opération du recensement préliminaire commencera le 1er Mars simultanément dans toute l'Egypte, et comme chaque agent n'aura que 80 maisons à enregistrer, ce travail ne devra pas prendre plus de quinze jours. L'état indiquera les noms, etc., de toutes les personnes qui habitent ordinairement chaque maison.

Quant aux maisons habitées par la classe supérieure de la population indigène ou par des européens on pourra s'en rapporter à eux pour remplir les états de dénombrement préliminaire.

Les agents préposés à cette inscription n'auront à faire ce travail que pour la basse classe et la classe moyenne dans les villes et villages. On vérifiera sur les états, au moins un quartier pour chaque village et 20 % des quartiers numérotés pour les villes et les chefs-lieux. Si un agent a mal dressé son état il devra le refaire.

Le 20 avril les recherches relatives au recensement préliminaire devront être terminées et les états déposés entre les mains des agents chargés du dénombrement pour attendre le recensement définitif du 3 mai.

Le chap. III traite du recensement définitif. Lorsque on aura effectué le recensement préliminaire il n'y aura plus, dans la nuit du 3 mai, qu'à rayer à l'encre les noms de ceux qui figurent sur les états et qui, cette nuit-là, ne se trouveront pas chez eux et à ajouter également à l'encre les noms de ceux qui se trouveront dans leur domicile et qui n'ont pas été portés sur l'état préliminaire parce qu'ils ne résident pas habituellement dans la maison. Le travail se trouvera ainsi considérablement diminué et les chances d'erreurs proportionellement réduites.

Dans les hôpitaux, les casernes, à El-Ahzar, etc., le recensement sera fait d'après les ordres du chef de l'Administration ou de la Mosquée.

Tous les états seront alors envoyés au bureau du Directeur Général de la Statistique, qui sera chargé d'en faire le dépouillement et de préparer les relevés qui fourniront le résultat final.

Ces dispositions règlent la matière en ce qui regarde les opérations à exécuter.

Quant à la seconde partie du travail, *les moyens à employer*, le même Règlement ci-dessus mentionné les indique dans ses divers chapitres, au fur et à mesure que la nécessité de l'explication s'y présente.

En voici les détails :

Dans les villages le Cheikh-el-Balad aidé du sarraf, du Fiki ou de tout autre employé, sera l'agent chargé du travail, tandis que, dans les villes, il sera confié au Cheikh-el-Hara ou à tout autre agent de l'Ad ninistration aidé par la police, si cela est nécessaire. Les opérations dans chaque district (Kism) seront surveillées par un officier subalterne de l'armée. Les opérations qui auront lieu dans chaque chef-lieu de Moudirieh, ainsi que la surveillance à exercer sur l'officier subalterne seront confiées à un officier supérieur. Un officier supérieur sera de même spécialement attaché à chaque chef-lieu de Gouvernorat. Ces officiers seront recommandés au Moudir dont l'aide et le concours actif sont nécessaires pour assurer le succès des opérations ; cependant, on ne devrait pas charger soit le Moudir, soit le Gouverneur de la surveillance directe des mesures à prendre ; ils pourront, il est vrai, faire leur rapport au Ministère de l'Intérieur sur les points qui leur sembleraient dignes de fixer son attention, mais comme ils ne sauraient être tenus directement responsables de l'exécution des instructions données aux agents chargés du recensement, il vaut mieux qu'ils n'aient pas à intervenir dans leurs travaux. En un mot toutes les opérations seront surveillées et dirigées par le bureau de la Statistique au Ministère de l'Intérieur, avec lequel les officiers supérieurs, appelés à diriger le travail dans les différentes Moudiriehs, devront correspondre directement.

MINISTÈRE
DE L'INTÉRIEUR

DIRECTION GÉNÉRALE
DE LA STATISTIQUE

RECENSEMENT GÉNÉRAL
DE LA POPULATION DE L'ÉGYPTE

CHAPITRE Ier

Numérotage des Maisons.

ART. 1er. — Tout bâtiment, maison, cabane, etc., qui est habité ou qui peut servir de logement appartenant à qui que ce soit, devra être numéroté même s'il n'est pas habité au moment du numérotage.

Pendant le numérotage des maisons, la ville, le chef-lieu ou le village, si leur étendue l'exige, seront partagés en plusieurs quartiers de recensement, de manière que chacun d'eux ne contienne au maximum que 80 maisons, en suivant autant que possible les divisions actuellement en vigueur des quartiers, haras, etc.

Les quartiers de recensement porteront un numéro d'ordre qui commencera par l'unité dans chaque ville, chef-lieu, village, etc. Ce numéro sera indiqué dans l'état des maisons, colonne N° 1.

Le numéro à poser dans chaque maison, bâtiment, construction, etc., devra commencer par l'unité dans chaque quartier de recensement.

Il sera appliqué, s'il se peut, au mur à droite de chaque porte ou sur la porte même, avec un vernis rouge ou noir, capable de résister quelque temps afin de reconnaître chaque maison, bâtiment, etc., au moment du recensement.

Dans les grandes maisons arabes ou européennes le numéro sera posé sans salir le mur et de manière à pouvoir, si l'on veut, l'effacer après le recensement.

Les vernis, pinceaux et ouvriers pourront être fournis par les Gouvernorats et Moudirs et mis à la disposition des agents recenseurs. Cette dépense sera remboursée par le Ministère de l'Intérieur, mais ne devra pas excéder quatre paras tarif par maison numérotée.

ART. 2. — Le numérotage sera fait sous la responsabilité des Cheikhs-el-Toumnes, Cheikhs-el-Hara et Cheikhs-el-Balad aidés par des personnes qui, en temps et lieu, fonctionneront comme agents recenseurs (Fikis, etc.).

Dans les grandes villes du Caire et d'Alexandrie, les Cheiks-el-Toumnes pourront être assistés, pendant le numérotage des maisons, par deux sergents de ville dont un arabe et l'autre européen.

Art. 3. — Les Cheiks, pendant ou après l'opération du numérotage, rédigeront sous leur responsabilité un état des maisons d'habitation, suivant le modèle N° 1.

Dans la colonne 3 ils indiqueront au crayon le nom du recenseur ou de son aide, qu'ils proposent.

Aucune maison, bâtiment ou construction ne doit être laissée de côté, même si elle est isolée ou éloignée d'autres habitations ; si le Cheik vérifie qu'une maison n'a pas été numérotée, il la fera numéroter à la suite du dernier numéro du quartier.

L'état des maisons devra être rédigé en double et porter la signature du Cheik qui l'a complété. Les deux exemplaires seront expédiés au sous-chef recenseur, duquel il relève.

Art. 4. — Le contrôle du numérotage et l'état des agents recenseurs seront faits par les sous-chefs de recensement dans les districts, et par les chefs de recensement dans les villes et chefs-lieux.

Les sous-chefs devront contrôler au moins un quartier dans chaque village, en indiquant dans le double des états des maisons le quartier qu'ils ont contrôlé. Ensuite, dans la colonne 3, ils écriront en lettres claires les noms des personnes qui ont été proposées par les Cheiks comme agents de recensement de chaque quartier, et qui seront approuvées par eux. Après ce contrôle, s'ils ont reçu tous les états des Ezbehs, Chefliks, Abadiehs, Nagues, Nazlehs, Guezirehs, Minchats et Zawiehs selon le nombre porté par le dictionnaire statistique, ils remettront le double des dits états cachetés au chef recenseur duquel ils relèvent.

Les chefs recenseurs devront contrôler dans la ville ou dans le chef-lieu au moins le 20 % des quartiers numérotés.

Cela fait ils remettront tous les états reçus, district par district, au Ministère de l'Intérieur, Direction générale de la Statistique.

Art. 5. — Le numérotage des maisons devra être commencé le Mercredi 14 Safar 1299 (4 Janvier 1882) et être terminé le 10 Rabi-Awal 1299 (30 Janvier 1882).

Caire, le 27 Moharem 1299 (19 Décembre 1881).

Le Président du Conseil des Ministres,

Ministre de l'Intérieur,

(Signé) : CHÉRIF.

RECENSEMENT GÉNÉRAL
DE LA POPULATION DE L'EGYPTE

CHAPITRE II.

Recensement préliminaire et recensement définitif.

Art. 1er. — Le recensement de la population de l'Egypte qui aura lieu le 15 Gamad-Akher 1299 (3 Mai 1882) sera précédé d'une inscription préliminaire.

L'inscription préliminaire commencera le 11 Rabi-Akhir 1299(1er Mars 1882) et devra être terminée le 12 Gamad-Awal 1299 (31 Mars 1882)

L'inscription préliminaire et le recensement définitif seront exécutés dans toute la vallée du Nil jusqu'à Wadi-Halfah (deuxième cataracte), et comprendront les tribus arabes qui y habitent ou qui sont établies dans le désert de l'Est et de l'Ouest bordant la vallée du Nil.

Art. 2. — La ville du Caire, les villes chefs-lieux d'un gouvernorat et les quatorze Moudiriehs auront chacune un chef de recensement qui sera choisi parmi les militaires, officiers supérieurs en disponibilité.

Les chefs-lieux des districts auront chacun un sous-chef de recensement qui sera choisi parmi les militaires, officiers en disponibilité.

Les quartiers dans les villes et grands villages, et les villages auront chacun un ou plusieurs agents de recensement, à raison d'un agent par chaque groupe de 80 maisons au maximum. Ils seront choisis parmi les Cheiks, les Fikis, les Notables, les Cheiks-el-Toumnes, les Cheiks-el-Haras, suivant la prescription du Chapitre 1er (Numérotage des maisons).

Les officiers supérieurs, chefs de recensement et les officiers sous-chefs auront à leur disposition un nombre suffisant de soldats pour transmettre leurs ordres et faire valoir leur autorité.

Art. 3. — Les officiers supérieurs recevront leurs instructions détaillées du Ministère de l'Intérieur, Direction Générale de la Statistique, et à leur tour les transmettront aux officiers placés sous leurs ordres et correspondront directement avec la dite Direction

Générale de la Statistique. Les officiers sous-chefs correspondront avec les officiers supérieurs desquels ils relèvent.

Art. 4. — Les Gouverneurs et Moudirs, les Administrations de l'Etat, les établissements publics, prêteront tout leur appui aux chefs et sous-chefs de recensement ainsi qu'aux agents recenseurs (Cheikhs, Fikis, Notables, etc.) dans toutes les opérations, soit de l'inscription préliminaire, soit du recensement définitif.

Tous les Cheikhs-el-Balad des villages, Cheikhs-el-Toumnes, Fikis, Notables, ainsi que les Nazirs des Abadiehs, etc., seront, en ce qui concerne les opérations de recensement, sous les ordres des chefs ou sous-chefs recenseurs, desquels ils recevront les instructions relatives à ce sujet.

Les Sarafs des communes, les Katebs des Ezbehs, les Fikhis dans les localités où ils se trouvent, seront requis pour remplir les tableaux de recensement.

S'il y a des habitants sachant lire et écrire, et que les sarafs des communes ne soient pas en nombre suffisant, les sous-chefs recenseur les requèra d'office pour aider les Cheikhs-el-Balad, les Nazirs et les dits Sarafs.

Art. 5. — Le Ministère de l'Intérieur, Direction Générale de la Statistique, enverra en temps utile les tableaux nécessaires pour l'inscription provisoire et définitive de la population aux autorités suivantes :

a) Au Ministère de l'Intérieur : pour le recensement des tribus arabes établies dans la vallée et celles qui résident dans le désert ; pour le recensement de ces tribus le Ministère de l'Intérieur donnera aux Moudirs des instructions spéciales.

b) Au Ministère des Finances : pour le recensement des divisions et des brigades du Cadastre, et pour indiquer le lieu que chaque division ou brigade occupe et les hommes qui la composent.

c) Au Ministère de la Guerre : pour le recensement dans les casernes, camps, écoles, hôpitaux, postes, et forteresses et en général de tout établissement militaire, des militaires ou employés civils et des familles qui y sont internés.

d) Au Ministère de la Marine : pour le recensement des arsenaux, écoles et hôpitaux, navires de guerre, dragues, dahabiehs ou barques appartenant à l'Etat, prisons, etc.

e) Au Ministère des Travaux Publics : pour le recensement de ses dragues, bateaux, chantiers, écluses et canaux, etc., et pour ceux qui les habitent.

f) Au Ministère de l'Instruction publique : pour le recensement des écoles appartenant à l'Etat et de ceux qui les habitent.

g) Au Ministère des Wakfs : pour le recensement des Tekiehs, Mosquées, établissements religieux et hospices civils appartenant à l'Etat.

h) A l'Administration des Domaines : pour le recensement des brigades du Cadastre et pour indiquer le lieu que chaque brigade occupe et les hommes qui la composent.

i). A l'Administration des Chemins de fer et des Télégraphes : pour le recensement de leur personnel et des familles qui habitent dans les gares et les usines.

k) A la Préfecture de Police : pour le recensement des prisons de chaque Préfecture et le recensement des vagabonds.

l) Aux Patriarches et Grands Rabbins : pour le recencement des églises, synagogues, couvents, écoles et leurs internes.

m) A la Direction de la Khédivieh : pour le recensement de ses bateaux.

n) Aux Capitaineries des Ports : pour le recensement des navires se trouvant dans le port de chaque capitainerie.

o) Au Conseil sanitaire : pour le recensement de tous les hôpitaux civils et écoles de médecine avec le nombre des internes.

p) Au Conseil maritime et quarantenaire : pour le recensement des lazarets et des internes qui les habitent.

Art. 6. — Les tableaux à remplir, mentionnés dans les articles précédents, seront accompagnés d'un reçu en blanc indiquant leur nombre ; ce reçu devra être remis au Ministère de l'Intérieur avec la signature de l'autorité à laquelle l'expédition a été faite, et celle-ci livrera les reçus des employés auxquels elle aura consigné les tableaux.

Les signataires seront responsables jusqu'à décharge finale du nombre des tableaux reçus.

Art. 7. — L'inscription préliminaire commencera de la maison numéro 1 de chaque quartier de recensement et devra être terminée le 31 Mars.

Les agents recenseurs feront attention d'inscrire toutes les familles et personnes qui habitent une même maison, suivant les instructions indiquées au verso de chaque bulletin.

Si tous les membres d'une même famille sont absents le jour de l'inscription, l'agent devra revenir pour prendre leurs noms les jours suivants.

Pendant l'inscription préliminaire les chefs recenseurs et les sous-chefs inspecteront les quartiers de la ville et les villages du district, pour voir si les agents recenseurs font leur devoir.

Art. 8. — L'inscription préliminaire achevée, les chefs recenseurs et les sous-chefs devront contrôler les travaux des agents recenseurs suivant le même système indiqué au chapitre Ier, art. 4. Ce travail de contrôle commencera le 1er avril et devra être achevé le 30 avril.

Art. 9. — Pendant le contrôle des chefs et sous-chefs recenseurs et précisément le 15 Gammad Akher 1299 (3 Mai), tous les agents recenseurs procèderont au recensement définitif de leur inscription, à l'heure indiquée dans l'article 9, chap. 3.

Les agents recenseurs se présenteront dans toutes les familles déjà inscrites dans l'inscription préliminaire et vérifieront si dans la nuit du 15 Giammad-Akher tout le monde inscrit était à la maison.

Ils effaceront tous les morts et les absents définitifs et ils inscriront entre les lignes les nouveaux-nés ou nouveaux arrivés.

Cette opération accomplie ils remettront le lendemain tous les tableaux au Cheik, et celui-ci devra à son tour, et dans les vingt-quatre heures, les remettre au sous-chef recenseur duquel il relève.

Les cheiks, les chefs et sous-chefs recenseurs ne déchargeront les agents placés sous leurs ordres, que lorsque ceux-ci auront rendu compte de tous les états qui leur ont été consignés.

Art. 10. — Les Ministères et Administrations de l'Etat désignés à l'art. 5 feront les mêmes opérations qui sont indiquées dans ce chapitre pour les agents recenseurs, et remettront leurs tableaux au Ministère de l'Intérieur, Direction Générale de la Statistique, entre le 20 et le 29 Gammad Akher (9 et 18 Mai).

Art. 11. — Les chefs et sous-chefs recenseurs, après avoir retiré tous les bulletins et s'être assurés, en consultant le tableau n° 1, qu'il n'en manque aucun, ils les remettront dans le délai de cinq jours aux chefs recenseurs. Ceux-ci, après avoir vérifié qu'il n'y a pas eu d'omission dans le travail des sous-chefs et avoir contrôlé eux aussi, au moyen du tableau n° 1, le travail de leur propre circonscription, expédieront le tout à la Direction générale de la Statistique, et cela avant le 20 mai (2 Ragheb).

Art. 12. — Les employés de tout ordre préposés aux opérations de recensement, sont strictement obligés de s'en tenir aux prescriptions de ce règlement et d'empêcher toute fraude.

Dans le cas contraire, ils seront poursuivis pardevant les tribunaux et punis conformément à la loi.

Le Caire, le 27 Moharem 1299 (19 Décembre 1881).

LE PRÉSIDENT DU CONSEIL DES MINISTRES,

Ministre de l'Intérieur,

(Signé) : CHÉRIF.

RECENSEMENT GÉNÉRAL

DE LA POPULATION DE L'EGYPTE

CHAPITRE III.

Instructions pour les Chefs et Sous-Chefs de recensement, les Agents recenseurs et les Autorités administratives.

ART. 1er.— L'inscription préliminaire commencera le 11 Rabi-Akher 1299 (1er mars 1882).

Elle sera faite par les agents recenseurs (sarafs, fikis, notables, etc.), choisis par les Cheiks-el-Balad et les Cheiks-el-Toumnes et dont la nomination devra être approuvée par les chefs et sous-chefs recenseurs.

ART. 2. — Chaque agent aura un nombre de tableaux suffisant pour l'inscription de la population de son quartier (modèle II).

Il aura soin de remplir, en tête du modèle et à leurs places respectives, le nom de la Moudirieh ou du Gouvernorat, du district, de la ville, village, ezbeh, nahieh, etc., le numéro du quartier de recensement, son nom en lettres très-lisibles, le nom de l'écrivain ou de l'aide, s'il y en a, et le nom de la localité, si le cas se présente.

Dans la colonne n° 1, il indiquera le numéro de la maison, du bâtiment, et en ayant soin de commencer par le premier numéro de son quartier.

A la colonne n° 2, il inscrira le numéro d'ordre de chaque famille.

Dans la colonne 3, le nom de tous les hommes, enfants, domestiques, ouvriers, hôtes ou pensionnaires qui habitent ou convivent avec une même famille. Mais dans le cas où le maître de la maison ne voudrait pas inscrire le nom des femmes, il suffirait à sa place de mettre le mot *une* et d'indiquer sa condition et son âge.

Dans la colonne 4, il écrira, contre les noms de la colonne 3, si la personne est chef de la famille, ou frère, ou fils, ou domestique, etc.

Dans la colonne 5, il indiquera l'âge de l'individu, par exemple 15-30-40 et sans mentionner la date de la naissance.

Dans les colonnes 6 et 7, il inscrira s'il sait lire ou s'il sait écrire, avec les mots *Iakra* et *Iakteb*, et s'il ne sait ni lire ni écrire il laissera la place en blanc, mettant un tiret (—) à la place de ces indications.

Dans les colonnes 8 et 9, il indiquera dans la première si la personne inscrite dans la colonne 3 est rentière, ou si elle a une profession, si elle est employée, si elle exerce un métier, etc., et dans la colonne 9, si dans sa profession ou son métier, etc., elle est chef, ouvrière ou apprentie.

Dans la colonne 10, il indiquera la religion et le rite, exemple : musulman, chaféïte, cophte orthodoxe, cophte catholique, latin, etc.

Dans la colonne 11, il inscrira la nationalité de l'individu.

Toutes ces inscriptions relatives aux hommes d'une même famille seront écrites à droite de la feuille ; celles des femmes à gauche. Complète l'inscription d'une famille composée d'un, deux ou plusieurs individus, l'agent recenseur tirera une ligne à l'encre d'un côté à l'autre de la feuille, au-dessous de l'inscription de cette famille, et commencera ensuite l'inscription de la deuxième famille, puis de la troisième et ainsi de suite.

Lorsque la première feuille sera remplie, il continuera dans une autre feuille en faisant bien attention que les numéros d'ordre des deux colonnes doivent toujours se suivre.

Lorsque l'agent recenseur aura des doutes, il consultera le chef sous les ordres duquel il est placé.

Dans le cas où une famille serait absente de la maison le jour de l'inscription, l'agent recenseur tâchera de s'informer auprès des voisins combien d'individus composent la famille ; il laissera une place en blanc avec quelques lignes en plus, et procédera à la continuation de l'inscription des individus de la maison suivante.

ART. 3. — L'inscription commencée devra être continuée sans interruption dans le même quartier jusqu'à la fin. Si pendant l'inscription dans les villes ou villages un indigène ou un étranger quelconque désirait faire lui-même l'inscription de sa famille, l'agent recenseur lui donnera un bulletin qu'il retirera après. L'agent recenseur à la place de l'inscription de cette famille, indiquera seulement dans sa feuille le numéro de la maison, le numéro d'ordre de la famille et sur la ligne les mots suivants : Voir la famille spéciale N°...... (indiquant le nombre).

ART. 4. — Dans les villes ou il y a beaucoup d'européens, les agents recenseurs pourront demander au Préfet de police de mettre à leur disposition un agent de police européen, afin de pouvoir se faire comprendre pendant l'inscription des familles étrangères.

Il faut que les agents procèdent avec la plus grand attention afin de ne pas laisser de côté les familles ou personnes qui habitent les magasins, et que ceux-ci n'échappent au numérotage.

Art. 5. — Les agents recenseurs procéderont dans l'inscription avec tous les égards possibles,en faisant connaître que le recensement n'est pas fait dans un but fiscal,et s'ils trouvaient parmi les arabes ou les étrangers de l'opposition pour leur inscription, ils adresseront un rapport au chef duquel ils relèvent, et celui-ci demandera l'assistance de la police pour les arabes ou des cawâs du consulat duquel la famille, qui se refuse à donner les informations, relève.

Art. 6. — La même opération de l'inscription provisoire sera faite par toutes les autorités qui, suivant l'art. 5 du chap. 2, auront reçu du Ministère de l'Intérieur les tableaux nécessaires pour cette opération.

Art. 7. — Si les agents recenseurs ont des doutes sur les déclarations des individus relativement au nombre des femmes d'une famille, ils pourront demander à l'autorité compétente le concours d'une sage-femme, qui ne pourra se refuser d'inspecter la maison et de donner les informations nécessaires à l'agent recenseur.

Art. 8. — Chaque feuille d'inscription sera signée par l'agent recenseur et visée par le cheikh. Les feuilles seront conservées auprès des agents recenseurs et sous leur responsabilité jusqu'au jour du recensement définitif.

Art. 9. — Le recensement définitif sera fait le 15 Gammad Akher 1299 (3 mai 1882), et il commencera au coucher du soleil pour être continué pendant la nuit jusqu'à son complet achèvement. Les agents recenseurs n'auront qu'à repasser toutes les maisons de leur quartier et à s'informer des changements arrivés dans chaque famille depuis l'inscription préliminaire. Quant aux noms de ceux qui seraient morts dans l'intervalle de ces deux opérations, ou qui cette nuit là seraient absents de la maison, il tirera une ligne à l'encre et enregistrera de nouveau ceux qui seraient depuis arrivés à la maison ou qui y seraient nés.

(a) Pour les nouveaux-nés dans l'espace blanc entre une famille et l'autre, s'il y en a, et au cas contraire entre les lignes des noms déjà écrits.

(b) Pour les familles nouvellement arrivées dans la maison, on pourra les inscrire dans des feuilles à part qui porteraient nécessairement le numéro de la maison qu'elles sont venues habiter.

Cette opération devra être faite par les agents recenseurs avec exactitude et promptitude afin de l'avoir accomplie au jour fixé par la loi.

Art. 10. — Après cette opération définitive, les agents recenseurs retourneront à leurs chefs hiérarchiques tous les tableaux remplis et ceux qui seront restés en blanc ; seulement après cette consignation, ils pourront recevoir les reçus de retour et être déchargés de la responsabilité du nombre des tableaux reçus.

Art. 11. — Les Cheikhs-el-Balad, Cheikhs-el-Toumnes, après vérification d'avoir reçu tous les tableaux des agents recenseurs placés sous leurs ordres, remettront les tableaux remplis au sous-chef recenseur du district ainsi que les tableaux en blanc, comme il est dit à l'art. 11 chap. II.

Les sous-chefs et les chefs recenseurs, après s'être assurés que tous les Cheikhs-el-Balad, les Cheikhs-el-Toumnes ont contresigné leurs tableaux, les remettront en paquets distincts, village par village : les premiers aux chefs recenseurs, et ceux-ci au Ministère de l'Intérieur, Direction générale de la Statistique.

Art. 12. — Les chefs et sous-chefs recenseurs devront observer que les Cheikhs, Sarafs, etc., en un mot toute personne préposée à exécuter le recensement, aura accompli son devoir et, au cas contraire, en faire un rapport à la Moudirieh pour procéder conformément à la loi contre le coupable.

Le Caire, le 27 Moharem 1299 (19 Décembre 1881).

LE PRÉSIDENT DU CONSEIL DES MINISTRES,

Ministre de l'Intérieur,

(Signé) : CHÉRIF.

Ministère de l'Intérieur   Direction de la Statistique

RECENSEMENT DE LA POPULATION DE L'EGYPTE

ÉTAT DES MAISONS

Moudirieh _______ *District* _______ *Village ou Nahia* _______

(Tab. I.)

Numéro du quartier de recense-ment. (1)	Nombre des maisons (2)	Nom du Recenseur du quartier (3)	Numéro du quartier de recense-ment. (1)	Nombre des maisons (2)	Nom du Recenseur du quartier (3)

(1) Dans cette colonne sera mis le numéro du quartier du recensement qui doit commencer par l'unité.

(2) Dans cette colonne le nombre des maisons du quartier — Exemple : de 1 à 25 — de 1 à 66 — etc.

(3) Cette colonne sera remplie par le chef ou sous-chef recenseur au moment du contrôle du numérotage et d'accord avec le Cheikh-el-Balad ou Cheikh-el-Toumnes.

Date _______

                                        LE CHEIKH

Ministère de l'Intérieur.

Moudirieh ou ....

Gouvernorat ....

District ....

Ville, Village, Ezbeh ou Nahieh, etc. ....

RECENSEMENT DE LA POPULATION DE L'EGYPTE

FEUILLE D'INSCRIPTION (TABLEAU N° 2).

Direction Générale de la Statistique.

Quartier de recensement N. ....

Agent recenseur responsable (en toutes lettres) ....

Nom de l'écrivain ou aide ....

Nom de la localité ....

HOMMES

Numéro de la maison ou bâtiment, tente, etc.	Numéro d'ordre des familles	NOM	Position dans la famille	AGE	Instruction élémentaire		PROFESSION		Religion et Rite	Nationalité
		Les hommes d'une même famille devront s'inscrire dans l'ordre suivant. Le chef de famille, les fils en ordre d'âge, les parents, les domestiques, les hôtes, les pensionnaires.	On écrira si la personne est chef de famille, ou frère, ou domestique, hôte, pensionnaire.	Indiquer l'âge de chacun individu sans tenir compte des mois.	Sait-il lire?	Sait-il écrire?	Indiquer s'il est rentier ou la profession ou métier qu'il exerce.	Indiquer s'il est chef patron, employé ou ouvrier.	Religion et Rite	Nationalité
					On répondra par oui / non					

FEMMES

Numéro de la maison ou bâtiment, tente, etc.	Numéro d'ordre des familles	NOM	Position dans la famille	AGE	Instruction élémentaire		PROFESSION		Religion et Rite	Nationalité
		Les femmes devront s'inscrire dans l'ordre suivant: La femme du chef de famille, les filles par ordre d'âge, les parents, les domestiques, les hôtes les pensionnaires.	On écrira si la personne est chef de famille, en fille, ou sœur, ou domestique, hôte ou pensionnaire.	Indiquer l'âge de chaque individu sans tenir compte des mois.	Sait-elle lire?	Sait-elle écrire?	Indiquer si elle est rentière ou la profession qu'elle exerce.	Indiquer si elle est chef patronne, employée ou ouvrière.	Religion et Rite	Nationalité
					On répondra par oui / non					

Date

Vu et approuvé. Cachet du Cheik

Je déclare que ces renseignements sont conformes à la vérité.

LE RECENSEUR.